EXTRAIT

DE LA

REVUE DE PHILOLOGIE FRANÇAISE

(2e Trimestre 1900)

COMPTES RENDUS

Oskar **Haag**. — *Die Latinität Fredegars*, Erlangen, 1898, Imp. Fr. Junge, in-8°, de 98 pp.

Le livre de M. Haag sur le latin de Frédégaire (paru d'abord en article dans les *Romanische Forschungen*) est une intéressante contribution à l'étude du latin postclassique. Les Chroniques de Frédégaire sont écrites dans un latin qui en fait de barbarie ne le cède en rien à celui de Grégoire de Tours. Ayant eu moi-même l'occasion d'étudier Frédégaire, j'ai noté quelques faits qui avaient échappé à M. Haag; quelques points de son travail me paraissent aussi contestables. Ces deus raisons suffiront pour justifier la longueur inusitée du présent « compte rendu[1] ».

Je regrette que M. O. Haag n'ait pas étudié le *Vocabulaire* en même temps que la Phonétique, la Morphologie et la Syntaxe. L'index de M. Krusch n'est certainement pas suffisant; je trouve même que c'est la partie faible de son admirable édition. L'étude du *Vocabulaire* reste donc à faire, et je n'ai d'ailleurs pas l'intention de l'entreprendre. Mais voici quelques mots qui manquent à l'index de M. Krusch et qui montreront que romanistes et latinistes trouveront encore à glaner dans Frédégaire.

Adunare, manque à l'index, 139, 6; 139, 20; *adhunare*, 125, 24.

Adtrago pour *adtraho*, 165, 4, *pass.* 165, 33.

Altarium, 28, 12, à ajouter aus exemples de la forme *altarium* donnés par Neue, *Formenlehre*[2], 1, 556.

---

1. Pour ne pas compliquer la notation des renvois, je me dispenserai dans les exemples cités de noter à quel chroniqueur ils appartiennent. Il suffit de savoir que les *Continuationes* (IV^a, IV^b, IV^c) qui sont du VIIIe siècle sont contenues dans les pages 168-193 de l'édition Krusch.

Ambiatu, 123, 3.

Ambulare, in Frantia ambulare praecepit, 188, 1.

Apostolicus, « sanctus ac *apostolicus* Remedius, » 98, 29. Cf. a. fr. *apostoiles. Papa Romensis (papam Romensem), apostolicum Iohannem*, 83, 25.

Auxiliare, neutre employé substantivement dans le sens de *auxilium : qui eorum auxiliare presumpserant*, 107, 2.

Casa, dans l'expression *ad cuiusdam uillole casam*, 69, 6.

Causas, avec le sens de *choses : impias causas* facere non deberent, 183, 22.

Centenarium (auri), 114, 17, à ajouter à l'exemple, noté par M. Krusch, dans l'index.

Cobicularius, 139, 29. C'est sans doute au même passage que se rapporte la note de M. Krusch (s. u. *cubicularius*) : « Cubicularium : Bertharius » sans renvoi.

Consilius, dans le sens de *conseiller*, 87, 17 ; 100, 10.

Consiliosus, 151, 11. Krusch, note *consiliose ado., 151, 10*, ce qui est une erreur. Le second exemple cité par M. Krusch, *consiliose*, n'est certainement pas l'adverbe. Voici le texte (*112, 12* et non *122, 10*, comme l'a noté M. Krusch) : *Austrasiae ualde consiliosae dicent ad eum* en latin classique : *Austrasii ualde consiliosi dicunt ad eum*. La graphie *ae* pour *i* se présente presque à chaque ligne dans Frédégaire. Ainsi *consiliose* n'existe pas dans Frédégaire, tout au moins dans les deus cas cités plus haut il s'agit de *consiliosus*.

Corpus, conuersari in corpore, 116, 26, être en vie, cf. *in corpore esse, Siluiae Peregrinatio*, éd. P. Geyer, 71, 4.

Creditarius, 96, 19, et non pas *96, 15*.

Desponsare (disponsauit), 105, 14, avec un double accusatif. M. Krusch ne cite que le participe *disponsata* (133, 15).

Dorsum (ad dorsum obidiens), 81, 14. M. Krusch a traduit à l'index : *ab tergo*. Je ne comprens pas ce que cela veut dire. *Ad dorsum obedire* paraît une expression toute faite pour exprimer l'obéissance absolue. Peut-être le mot s'est-il dit des domestiques qui servaient placés derrière leurs maîtres ? La phrase complète est : *ad instar puerum meum mihi ad dorsum obidiens.*

Exstare, mora extante, 118, 18 ; 146, 24. Le mot s'est confondu avec *estare* (*stare*), à moins que ce ne soit le mot *stare* lui-même (Cf. *stremitas* pour *extremitas*).

Follis, 90, 6, sac d'argent ? Cf. GEORGES, *Lat. d. W. s. u.*

Fraudulenter (fraudolenter), 75, 8.

Furauit, 81, 28 ; *furauerat,* 81, 29. La forme classique du verbe est *furor* déponent. La forme active paraît être postclassique, si on en juge par les exemples de GEORGES, *Lat.-d. W.*[1], qui cite *furabis, furauerit, furasse,* etc. Le mot manque à l'*index* de M. Krusch.

Generalis (exercitus), 180, 16.

In giro, 184, 17. Fréquent dans la *Siluiae Peregrinatio.*

Glandolaria (clades), déjà relevé par M. Krusch, est digne de remarque. Les parlers provençaus modernes connaissent le verbe *englanda, anéantir, abîmer,* qui, lui aussi, se rattache à l'idée exprimée par *glans, glandis.*

Heremis (abl. plur.) de *erema, orum,* Cod. Just., 11, 57, 4 ?

Integer, entier. *Integrum Spaniae regnum tenet,* 110, 6 ; M. Krusch cite *integritas* = *l'ensemble.*

Lanaria, lanariae filiam, 108, 21, ouvrière qui travaille la laine. Cf. *lanarius,* ouvrier qui travaille la laine, dans GEORGES, s. u.

Mirabilia (plur. neutre), les miracles : *cuius uita et mirabilia quae fecit Seuerus,* 70, 20.

Negare (p. *necare*), faire périr, 57, 8 ; 57, 11, etc., et *noyer* dans l'exemple suivant : *matrem eius, lapidem ad collo legata, negare iussisti,* 100, 28.

Nullatenus, 74, 6.

Olloa, olloa ignis, 83, 29 ?

Ospiciolum (pour *hospitiolum*), 61, 28 = petite maison.

Paenitus (class. *penitus*), nullement : *paenitus aliter ad ipso non repedabo,* 126, 13.

Pagensis, subst. masc., 165, 6; 142, 18 (cité par M. Krusch), les habitants d'un même *pagus,* prov. *pages.*

Palatio, 168, 7 : *ualle Corbaria palatio occurrit.* J'écrirais le mot avec une majuscule; la localité s'appelle encore auj. *les Palais,* elle est citée dans les *Gesta Caroli Magni ad Carcassonam,* éd. SCHNEEGANS.

Patrenus, 82, 14 (pour *patrinus*), prov. *pairi* à côté de l'ancien français *parrins.*

Patriocinium, class. *patrocinium,* 143, 15.

Pera, sac, sac de mendiant, 99, 23.

Peruius, 131, 7, passage, substantif de même formation que *peruium,* Tacite, *Hist.,* 3, 8.

Plenum. ad *plenum,* 69, 18, cf. fr. *à plein. Siluiae Peregr.,* 50, 15. Cf. *ad plenitudinem paupertatis,* 127, 8 = jusqu'à la pauvreté complète.

Pomarium, verger, 85, 16.

Prestolatis, 174, 23 (*ann... prestolatis*), ablat. plur. part. pass. *passif* de *praestolo ?*

Quatragenarius (p. *quadragenarius*), *aetate quatragenaria,* 112, 31.

Refrendarius, 115, 5.

Refutare, refuser : *emplendum refutat,* 162, 16.

Regnata, Tracia ucusque regnata, 59, 15.

Romensis = *Romanus,* 83, 25.

Saccellum, diminutif de *saccus,* 96, 20 = *petit sac.* Au neutre, d'après *quod* qui suit. Georges ne donne qu'un exemple du neutre (Plin., *Val.,* 2, 18) = *petit sac que l'on met autour d'un membre malade.*

Sementiuus, que l'on peut ensemencer : *prata sementiua,* 32, 7.

Senior, en parlant d'une femme (*senior Antonia*), 85, 16.

Solarium, 83, 14 : une *terrasse ?* Cf. GEORGES, s. u. *solarius.*

Solatium. Le mot est assez fréquent avec le sens de *auxilium* (noté par M. Krusch). Aus exemples cités par M. Kr. il faut ajouter les suivants : per *solatium Dagoberti,* 121, 11 ;

illius uirtutem et *solatium* Wandalus (-os) superabis, 87, 6; cum *solatio* Theuderici, 103, 31 (M. Kr. a noté simplement *103*, comme il y a deus exemples, je les cite à nouveau). Du sens de *secours* à celui de *compagnie* il n'y a pas loin, et on sait la fortune du mot *soulatz* dans l'ancien provençal. Cf. Bonnet, *Le lat. de Grégoire de Tours*, p. 291.

Stratum, filias... *strato* sumebant, 144, 24, avec le sens de *lit*, *matelas*; in castris... quinquaginta... milia ex militibus... in *stratum* mortui sunt, 154, 3.

Superstitiosus, 183, 22, *violent* : *superstitiosas* hac (ac) impias causas. M. Kr. n'a noté que l'adverbe *supersticiose* = *violenter*, 109, 6.

Triduanum (ieiunium), 127, 2; 129, 12. Cf. dans la *Siluiae Peregrinatio* (éd. P. Geyer) *triduana statiua*, 61, 31, *facto... triduano*, 64, 31.

Uallare, au propre = *protéger* (Douae alueo *uallante*), au fig. = *entourer* (illi gemino *uallati* periculo), 137, 23.

Uegetus, *vif* : membris *uegitus* (pour *uegetus*), 92, 21.

Uinarius (minister), 52, 22.

Uisare, trois exemples dans la même page 78 : uisaueris, 78, 9; uisauerint, 78, 10; uisaui, 78, 14; fr. *viser*.

Phonétique. — L'auteur cite quatre exemples de *a* tonique passé à *e* : *primetus* (pour *primatus*), *clodecas* (p. *cloacas*), *laeteris* (p. *laetaris*) : ces trois premiers exemples s'expliquent par d'autres raisons que par des raisons phonétiques. Tout autre est le mot *agnetus* (p. *agnatus*) qui est un « témoignage important qu'au milieu du VII⁰ siècle le son *a* ne s'était pas maintenu intact ». Le témoignage aurait en effet son importance, si *agnetus* représentait *agnatus*, mais il est mis pour *agnitus*. Voici la phrase de Frédégaire : « et si quis *agnetus* prodedisse, capite puniendus esset, » 81, 9; il me semble que le sens ne peut être que le suivant : « Si quelqu'un était reconnu avoir trahi, était reconnu coupable de trahison... » Il faut donc rayer cet exemple, et les trois autres ne prouvent rien.

§ 22. (*A* posttonique à l'intérieur d'un mot). Voici un exemple important à ajouter à *Isera* < *Isăra;* c'est *Adice*, 178, 1. La forme remonte à *Adece* pour *Atace* forme classique (*Atăce*, proparoxyton, cf. NEUE, *Formenlehre*²..., I, 140). La confusion entre *e* et *i* étant très fréquente chez Frédégaire, *i* n'a pas lieu de nous surprendre. Cet *i* posttonique s'est maintenu dans les parlers languedociens actuels où *Adece* est représenté par *Aude*. En revanche, on trouve *Agatem* et non *Agetem,* forme par laquelle le mot a dû passer avant d'arriver à sa forme actuelle *Ate* (Agde, département de l'Hérault). De même on trouve dans Frédégaire *Rhodanum* et non *Rhodenum,* réclamé par le prov. *Róze.*

A posttonique faisant partie d'une syllabe finale : à côté de *Arabiem* (§ 22) il faut citer les formes suivantes : in *Gallies* prorumpunt, 111, 9; in *Gallies* destinant, 111, 13; per *Spanies*, 71, 5. Je sais bien que ces formes peuvent aussi bien représenter chez les chroniqueurs des ablatifs-datifs, pourtant rapprochées des autres exemples donnés par M. H., elles me paraissent plaider, elles aussi, en faveur d'une réduction de *a* posttonique après *i.*

A protonique (§ 24). Le latin *Garumna* est représenté plusieurs fois par *Geronna* et *Ieronna.* La forme, ajoute M. Haag, n'est pas concluante, parce que la forme moderne *Garonne* renvoie à une région où *ga* ne passe pas à *g*, mais reste sans changement. Il me semble au contraire que la forme est importante et qu'elle est un des premiers stades du développement qui l'a conduite à *Gironde.* Il faut se souvenir en effet que le cours inférieur de la Garonne (rive droite), au moins après Bordeaux, appartient à une région où *ga* ne reste pas sans changement et *Garumna* y est devenu *Gironde.* C'est la théorie souvent exposée par M. W. Förster (du moins dans ses cours).

La forme *femine* (§ 22) me paraît bien étrange. Je me demande s'il ne faut pas y voir un phénomène de flexion, non de phonétique. L'influence des mots comme *lumine, flumine*, pourrait bien avoir été plus grande que ne le croit M. Haag. Le provençal moderne connaît une forme *feme* qui renvoie à *femine;* dans le parler de Lézignan *fèmo* a un *e* ouvert (*fème* = la *femelle*, jamais la *femme, fenno*). Est-ce que le mot *fěmen*, autre forme de *fěmur*, aurait fait changer la flexion du mot et la qualité de l'*e* ?

Aus représentants du lat. *prehensa* > *presa* pour *praeda* (it., esp., portg.), il faut ajouter le prov. *prézo*, également avec un *e* fermé. Le lang. mod. *sépio* représente *sēpia*, tandis que fr. *sèche* renvoie à *saepia* [*sěpia*].

Le passage de *i* protonique à *e*, quand la syllabe suivante contient un *i*, a laissé de nombreuses traces.

A côté de *deuino*, 154, 4, cité par M. Haag (et mis à tort parmi les exemples de *ĭ*, § 27, III), il faut mettre : *Caeciliam* 64, 12 (pour *Siciliam; ae* pour *e* est très fréquent) ; *menistri*, 135, 26 ; *admenistrata*, 135, 21 ; *menistrarent*, 32, 3 ; *meniste-rium*, passim, *uedissel*, 135, 8, *Beblioticam*, 62, 17, est cité par M. Haag comme exemple du passage de *e* tonique à *i*. Il n'est pas nécessaire, pour que la dissimilation vocalique se produise, que la syllabe qui contient le second *i* soit accentuée ni que le premier *i* soit bref (*uedissent*). Les mêmes lois phonétiques appliquées à des phénomènes semblables donnent dans les parlers languedociens modernes pour les mots fr. *ministre, bibliothèque*, la prononciation *menistre, beblioléco*.

§ 30. *U* (long) protonique : est-il bien sûr que *rimore* pour *rūmore* soit une faute de copiste ?

Oo s'est réduit à *o* dans *coperuit*, 139, 27.

Parmi les exemples du groupe *ŭm* posttonique il est intéressant de noter *secon* (class. *secum*) qui a une physionomie toute romane.

De même, § 12, pour *ĭ* latin représenté par *e : estar* 155, 15, *hestoria* (historia), 69, 23.

O fermé tonique. Il faut noter son changement en *a* dans *Magancia*, 158, 15 (= *Mogontia*, Mayence). Le mot se présente sous plusieurs formes : *Magontia, Mogancia*, etc. Cf. l'*index* des noms propres dans l'édition Krusch, p. 544 *b*.

M. G. Baist a expliqué ces formes dans KLUGE, *Etym. Wörterbuch der d. Spr.* (6ᵉ éd. s. u. *Pfalz*); il reconnaît dans l'ancien haut-allemand *Magenza* l'analogie des finales de noms de ville en *-antia, -entia*.

A côté de *stilla* pour *stella* (§ 9), il faut citer un autre mot *satilletibus*,105,2,qui présente la même confusion d'un groupe *-ell* ayant l'apparence d'un suffixe. Confusion inverse dans *maxella* pour *maxilla*, 110, 16.

Isra pour *Isera* n'est pas le seul exemple, comme le croit M. Haag, qui prouve que la pénultième est tombée au milieu du VIIIᵉ siècle. *Beturgas* pour *Bituricas*, 180, 7 (Bourges), est aussi important. On trouve des syncopes après le premier accent dans les cas suivants : *Arlato* pour *Arelato* (fr. *Arles*), 75, 14 : *aedecatae* p. *aedificatae*,159, 30, où il y a peut-être une faute de copiste. Cf. encore *Merueus*, 114,7 (p. *Meroueus*); le nom germanique *Rādbodo* (E. Mackel, *Die germ. Elemente...*, p. 32) se présente sous la forme *Ratbodus* et *Radebodus*, a. fr. *Radebot* (Mackel, p. 18).

Aux exemples de *svarabhakti materem*, 108,19 (p. *matrem*), et *magisteri*, 93, 16 (p. *magistri*), il faut ajouter *liberas* p. *libras : pensante quingentas liberas*, 74, 23. La théorie de M. Neumann pour expliquer ces formes est séduisante, j'aime mieux voir dans le premier cas l'analogie du thème du nominatif ou des mots en *-erem*, comme le dit M. Haag, et dans le second du thème *liber*.

CONSONANTISME. *Purgundiam* (pour *Burgundiam*) me paraît, quoique le *p* soit initial, le résultat d'une confusion semblable à celle qui a amené à l'intérieur des mots *concupinam*. Cette explication me paraît en tout cas plus vraisemblable que d'admettre l'influence d'une glose grecque πυργός.

Leuvas, 101, 1 (*leuuas*) pour *leugas*, qui a été oublié, a bien son importance pour la chronologie du fr. *lieue*.

Le groupe *ct* nous offre un curieux exemple de réduction à *c* (=*ts?*) dans *facione* pour *factione* (corrigé en *faccione* de première main), 154, 13.

Atripina et *Atrepennus*, § 39, 2 (p. *Agripina, Agripinnus*), représentent-ils une faute de copiste? Peut-être, mais ils peuvent être aussi le résultat de la confusion des groupes *tr—gr* (cf. le passage connu de *tl* à *cl*).

Des exemples certains prouvent que l'assibilation *ki-ti* était un fait accompli au milieu du VIIᵉ siècle (§ 44). Ainsi on trouve avec confusion de *z* et de *c Beccanceorum ;* un exemple tout aussi important a été oublié : *Biciunciam*, 66, 9.

Il faut rapprocher de *chetheris* (pour *ceteris*), qui prouve seulement que l'assibilation n'était pas encore générale, la graphie inverse *macenauant* pour *machinabant(ur)*, 166, 3. Il faut d'ailleurs ajouter que *cheteris* se trouve dans II, *macenauant* dans III.

P > b. Les exemples d'affaiblissement de *p* en *b* sont très fréquents ; il faut relever *cubidus* (pour *cupidus*, cité § 40, 1), parce que les mots en *-idu* ont une histoire assez intéressante. *Cupidu* et *tepidu* en particulier, ont donné en prov. mod. *coubés* et *tebés.*

Ph est représenté par *f* et par *p* (§ 46). Il faut ajouter aus curieus exemples des deus graphies les deus suivants : *filosopatur*, 44, 30, et surtout *scaua* pour *scapha*, cf. it. *scafa.*

§ 47, 3. *Coinomento* (= *cognomento*). L'*i* ne paraît pas être mis là simplement pour marquer la mouillure de la nasale[1]. Il a sa valeur propre comme le prouve *Luiduno* < *Lugduno* cité dans le même paragraphe. Est-ce le même phénomène dans *dinuscetur* (pour *dignoscetur*), où l'*i* provenant du *g* se serait confondu avec l'*i* du préfixe?

Passage de *j* initial à *z :* à côté des formes *Zacob, Zafad* (p. *Iacob, Iaphat*), il faut mettre la suivante, oubliée par M. Haag : *Zezebelis* (p. *Iezabel*), 135, 2.

Dissimilation de *n* en *l :* ajouter *peculies* (= *pecuniis*) donné par les manuscrits les plus récents, 160, 12.

Pras (assez fréquent pour *pars*) s'explique par la confusion si fréquente des groupes *per, par* avec *pre, pra :* en voici un autre exemple, 170, 8. J'ai relevé deus autres phénomènes de

---

1. L'auteur n'est d'ailleurs pas très affirmatif : « *Möglicherweise gilt auch ñ für coinomentum* » (§ 47, 3).

même nature dans *preuagans*, 185, 3, et surtout *suprestitem*[1], 173, 7.

Ps réduit à *s* : M. Haag cite, p. 28, deus exemples de cette réduction : *seudoprophetia* et *sallencium* (*psallencium*); ce dernier se trouve encore 137, 14.

Pt initial se réduit également à *t* dans *Tolomeus* (= *Ptolomaeus*). Cf. Krusch, Index des noms propres. Déjà dans les meilleurs manuscrits de Pline, on trouve *tisana* pour *ptisana* (GEORGES[1], *Lat.-d. Wörterb.*, s. u. *ptisana*). *Tolomais*, Inscr. Neap. 3395 (Georges). Trois formes dans H. Schuchardt, *Voc. des Vulg.*, 1, 144 (Une des formes est celle qui a été citée par Georges).

S finale : ajouter aus exemples de la chute de *s* finale (qui d'ailleurs ne sont pas nombreus) *nemi*, 128, 21 (p. *nimis*).

L. Genebaudus n'est pas pour *Genebaldus* et n'offre pas un exemple de vocalisation de *l* au milieu du VIIe siècle. On peut se demander à ce propos ce qu'on doit penser de la forme que M. Krusch a notée dans son introduction à l'édition du *Liber Historiae Francorum* (même volume que Frédégaire, MON. GERM. HIST., *Script. Rer. Merou.*, t. II, p. 226, 19). Après avoir décrit le manuscrit de Montpellier, H, 360, et montré par quelques exemples que la graphie en est intéressante pour ceus qui étudient la langue provençale, il ajoute : « *litteras* al *iam saeculo IX* in au *transisse* (cf. altus, haut) *ex forma male emendata* obaldiens *pro* obaudiens *intelligitur*. » M. BEHRENS (SCHWAN-BEHRENS, *Gram. des Altfr.*[1], § 174, 1) place la vocalisation de *l* dans le dialecte francien à la fin du XIe siècle; dans le groupe *al* la vocalisation aurait commencé un peu plus tôt (*etwas früher*). Sporadiquement elle aurait commencé *beaucoup* plus tôt. Il faut d'ailleurs avouer qu'un seul témoignage, — et encore indirect pour ainsi dire, — n'est pas très concluant.

G. Intervocalique devant l'accent, *g* tombe quelquefois

---

1. Le changement peut avoir été amené par ce fait que le groupe *rst* est difficile à prononcer. Cf. en tout cas le francique *first* > en fr. *feste*, prov. *fresta* (E. Mackel, *Die germ. El.*, p. 8).

après un *i;* il faut ajouter aus exemples donnés par M. Haag
Rioilo pour *Rigolio*, fr. *Rueil,* 124, 22.

Corridiae (malgré la graphie fréquente *iae = ii*) vient de
corrigia, et non de *corrigium* (cf. fr. *la* courroie, prov. *la*
courréjo).

H. Comment se fait-il qu'on ne trouve pas citées ici (il
fallait au moins les citer à la morphologie), les formes *tragere, uegere*, dont M. H. a parlé, 47, 2ᵇ? M. Behrens (*Gram.
des Altfr.*[1], § 403) explique ce *g* (postulé par le français
traire ou le prov. *traire*) par le radical du parfait et écrit en
conséquence **tragere* comme **strugere* (fr. *détruire*).

Le chapitre ıv (§ 76, *Komparation*) est un peu court. Il
fallait noter que le superlatif avec *ualde* est fréquent (cons-
truction : *ualde longa — laudabilis ualde;* la première paraît
plus usitée). Parmi les superlatifs en -*issimus* quelques-uns
sont assez curieus : *infinitissimus*, 126, 16; *paganissimus*,
177, 4. Superlatif avec *per : perbreuiatus*, 32, 11. *Nimium*
avec un superlatif dans *nimium argutissimus*, 131, 18. Les
superlatifs sont construits comme des comparatifs dans les
cas suivants : *fidelissimus ceteris*, 95, 15; *fortissemus cyteris
regibus*, 97, 27.

Le superlatif n'étant plus senti dans *proximus*, on a formé
là-dessus un comparatif *proxemior*, 81, 27.

1ʳᵉ déclinaison. L'analogie du suffixe -*ariu* a amené la
forme *ariis* dans *domus et ariis*, 115, 24. On voit moins facilement sous quelle influence *opera* (3ᵉ déclinaison) est devenu
operia, 57, 4 : est-ce sous l'influence de *innumerabilia?*
(innumerabi*lia* quoque oper*ia*). Aus deus exemples de géni-
tifs en -*um*, on peut ajouter un second exemple de *litterum*,
132, 9.

3ᵉ déclinaison (§ 64). C'est ici qu'il fallait citer *sacerdus*
pour *sacerdos* (cité à tort sous la 2ᵈ déclinaison); *Macedus*
(manque dans Haag) pour *Macedo-*┼-*s* (sur *sacerdos?*) :
Alexander Magnos Macedus, 153, 21.

Aus deus exemples d'adjectifs qui ont changé de déclinaison, on peut joindre *inlustrum*, 170, 20.

La forme du génitif *plebs* était à noter dans l'expression *tribunus plebs*, 55, 20.

Enfin à côté des deus nominatifs *urbis* et *orbis* (mis tous deus pour *urbs*), qui plaident pour la généralisation des formes en *is* au nominatif des imparisyllabiques, il faut mettre *hiemis* (p. *hiems*) : *durissimus... hibernus hiemis*, 77, 22.

Termenibus (per *maritimis... termenibus*, 106, 10) manque. Il ne renvoie pas à *terminus*, mais à *termen*. La confusion entre radicaus terminés en *-inu* et en *-ine* se conçoit facilement, et en fait de nombreus exemples se retrouvent en latin. GEORGES, s. u. *termen,* en donne trois seulement, un archaïque, deus post-classiques, mais NEUE, *Form.*, 1, 571, en donne un bien plus grand nombre.

Cum *socrui* sua 171, 24, parait être une faute amenée par la confusion avec le datif (Cf. pourtant le datif *socru* dans le *C. I. L.* 5, 3729, d'après NEUE, *Form.*, 1, 357).

L'exposé de la déclinaison des mots empruntés au grec (§ 69) est incomplet.

Phalanx présente un exemple remarquable de confusion de formes : *phalangiae*, 90, 10 ; 101, 2 ; *phalanga*, 87, 24 (abl. sing.), *phalangis* (abl. dat. plur.), 87, 16.

Olympias est représenté par *olimpiadem*, 19, 14 ; *olympiadae* (abl. *ae* = *e*), 51, 8 ; *olympiadum*, 29, 27, *olympiades*, 29, 28 (acc. plur.).

Persida est devenu un nominatif : *omnes Perseda* (= *omnis Persida*), 126, 22.

Le passage du neutre (2e décl.) au masculin est représenté par de nombreus exemples ; de même le passage du neutre pluriel de la 2e décl. au féminin singulier de la première. A côté de *sponsaliae* il aurait fallu citer *espunsalias* qui a une allure bien plus romane (déjà cité par M. Haag, mais à propos de *e* prothétique). *Spolia* féminin est fréquemment employé : cum multa *spolia* et praeda, 72, 10 ; cum *spolia* et praeda, 176, 17 ; cum plurima spolia, 175, 1, cf. 187, 22 ; 187, 8 ; 188, 7, etc. Coniugii *solamina* frueretur, 134, 20. *Castra* : Tulianus de *Castra*, 68, 3; a *castra*, 80, 22 (Cf. le nom de la ville de *Castros*, département du Tarn (prononciation provençale) <*Castras*). *Promissa*, fr. *la* promesse : Gothorum *promissa* destitutus, 76, 7. *Auxiliae suae*, 153, 24 pourrait être également le génitif de *auxilia* (et non pas représenter seulement le génitif *auxilii*, comme le dit M. Haag), car on a *auxilia carit* (p. *caret*) *et uitam* (p. *uita*), 76, 7. *Milia* paraît être indéclinable dans... a *militum* 60 *milia*, 67, 6.

§ 72. « Fehler sind... *promissio non* sortitur effectum, 164, 31. » Je ne comprens pas ce qu'a voulu dire l'auteur, ou plutôt je m'aperçois qu'il a commis une étourderie. Le texte de Frédégaire est le suivant : *haec promissio non sortitur effectum*. Comment l'auteur a-t-il compris la phrase ? Elle ne peut pas signifier autre chose que ceci : « mais cette *promesse n'obtient pas, n'a pas d'effet.* » Je ne comprens pas comment *iussione regio* a pu être rapproché de *promissio non sortitur effectum*. La formule est d'ailleurs fréquente chez Frédégaire ; cf. *haec promissio sortitur effectum*, 158, 22, etc.

Pronoms. **Hic** (§ 74). M. Haag n'a pas relevé les formes *hii*. Elles ne représentent pas seulement *ii* ; comme il arrive souvent dans Grégoire de Tours, elles ont un sens « vraiment démonstratif et non corrélatif » (Bonnet, *Grégoire de Tours*, p. 388), *Hii quattuor regis*, 132, 29 ; *hii duodice ducis*, 143, 14; *hii duo imperatores*, 152, 13; *hii tres pontifecis*, 129, 13; *qui... hii sunt*, 22, 23; 23, 23 (ces deus derniers exemples cités par M. Haag à la syntaxe), *hii qui remanserunt*, 137, 19; sauf dans le dernier cas, il ne peut pas y avoir doute sur la valeur démonstrative de *hic*. Ainsi on a la forme *hy* dans le même cas : *hy duo*, 152, 21; 167, 32; aus cas obliques *his duobus regibus*, 147, 6; *has duas reginas*, 134, 13, etc.

Verbes. — Parfaits. Parfaits en *ui :* voici quelques autres exemples de parfaits en -*ui* ou de radicaus de parfaits en -*ui* (*capui* réclamé par le provençal *caup* est cité par M. Haag); *instetuit*, 159, 2; 159, 20, *poscuerit*, 83, 4. En revanche, *nolerit* pour *noluerit*, 107, 8.

Quelques formes verbales renvoient à des verbes formés sur le supin : *occiserat*, 186, 17 ; *retrusit*, 116, 5; cf. même forme dans les *Notes tironiennes*, 131 (d'après GEORGES, s. u. *retrudo*). A noter aussi quelques emplois de fréquentatifs en -*sare*: *defensare* (*definsasse* p. *defensauisse*, 159, 5), *sponsant*, 100, 14.

Circumdasset, 131, 23, n'est pas cité.

Les verbes en -*io* (§ 82), forment quelquefois leur 3ᵉ personne du pluriel en -*unt* (p. -*iunt*). Voici un exemple à ajouter : *concutunt*, 109, 27. Noter aussi *odens*, 139, 13 (Tertullien et Vulgate : *odiens*, cf. GEORGES).

Le paragraphe 86 (*Deponentia*) n'est pas complet; il manque des exemples de déponents employés comme passifs. Ils ne sont pas rares chez Frédégaire: *miraretur a plurimis*, 161, 18; *a nostris fari... miratus*, sum 89, 8; *tonica est sortita*, 126, 27; *profetiat quae... fuerunt praelocuti*, 58, 8 (*i =ae*).

Ab omnibus ueneraretur, 130, 9; ortabatur a leudibus suis, 131, 27. Le participe présent est employé avec un sens passif dans l'exemple suivant : *loco nominante Latofao*, 128, 1.

Emploi d'un participe passé avec *habeo*. Les chroniqueurs connaissent naturellement l'emploi de *habeo* avec un participe passé passif. Aus neuf exemples qu'en donne M. Haag (§ 87) il faut ajouter le suivant : *conligatum habens*, 31, 15.

Changement de conjugaison (§ 88). Parmi les verbes qui ont changé de conjugaison *delire* est le plus représenté (ajouter *deliuit*, 107, 2). Il faut également noter *tradiret*, 108, 26 (fr. *trahir*).

Autre exemple de *fietur*, 88, 3 (ce qui fait cinq exemples en tout).

Deus formes remarquables de *esse* n'ont pas été notées : *fussent*, 110, 14 (p. *fuissent*) et surtout *fore* (pour *fuerunt*) : *fore directa*, 135, 22. L'une et l'autre représentent des formes déjà toutes romanes (spécialement françaises ou provençales).

Parmi les composés (§ 94), il fallait citer *subdant*, 182, 6, écrit par analogie de *dant* (mais *subdunt*, 101, 25).

L'ablatif-datif est employé pour le nominatif dans le cas suivant : *ut homine ille interficiatur*, 79, 32. M. H. a commis une erreur en plaçant cet exemple sous la rubrique : Verbes *construits avec le datif* (§ 97); le mot fait ici fonction de sujet; ou bien il montre la généralisation du cas régime, ce qui d'ailleurs serait un peu surprenant avec un nom de personne à cette époque; ou il provient d'une confusion qui s'est faite dans l'esprit du chroniqueur entre le passif et l'actif. Voici la phrase : *non est utile gloriae tuae, ut homine ille* (class. *homo ille*) *interficiatur*, 79, 32.

Prépositions. — *Deinter* se rencontre deus fois dans Frédégaire (160, 6; 167, 15). L'auteur, après avoir cité ces exemples, ajoute : « Nous avons ici la première trace des composés de *de* avec une pure préposition (comparez fr. *dans, devers, dedans*, etc.), qui ne se trouvent pas encore chez Grégoire [de Tours]. »

Ceci n'est pas exact : en fait, on trouve de nombreus exemples de *de* suivi d'une préposition dans la *Siluiae Peregrinatio*, et je les rassemblerai dans un prochain travail; *de inter* en particulier s'y trouve trois fois (chaque fois construit avec le verbe *exire;* dans Frédégaire une fois avec *exire*, une fois avec *egredi*). Cf. *Itinera Hierosolymitana*, éd. P. Geyer, Vienne, 1898, Index.

Ipse est employé comme article dans un très grand nombre de cas (§ 123). On sait que le mot a laissé des traces dans les dialectes provençaus où il a formé l'article *sa*. On regrette vivement ici que M. Haag n'ait pas fait le dénombrement complet des exemples et donné sous forme de tableau le résumé de ses observations.

Conjonctions. — Il faut encore noter : *post quod* (deus fois, chaque fois avec l'indicatif), 127, 24 ; 187, 24; *qua de re* quare), 146, 1.

Aus exemples de pluriel, avec des noms collectifs sujets

il faudrait joindre le suivant avec *unusquisque* : *unusquisque facerint*, 74, 20.

M. Haag cite cinq exemples de l'emploi du plus-que-parfait de l'indicatif à la place du plus-que-parfait du subjonctif (§ 141); il faut en ajouter un sisième : *paene fuerat exinde nimia multorum estragiis, nisi... fuisset*, 148, 15.

Les propositions infinitives après un *uerbum dicendi, sentiendi,* sont souvent remplacées par des propositions commençant par des conjonctions ; les exemples abondent et M. Haag a rassemblé les plus importants (§§ 144, 145). En voici quelques autres : *promittens ut*, 116, 20; *uidentes quam*, 190, 19; dicens *quasi*, 131, 24 ; emploi de *quia* : fari *quia*, 89, 9. Ces trois constructions ne sont pas notées dans le paragraphe cité. Enfin aus exemples de *eo quod* (pour *quod*) après un *uerbum sentiendi* il faut ajouter *ostenderint eo quod*, 110, 17.

Signalons en terminant deus ou trois points importants du travail de M. Haag (ils sont d'ailleurs de la main de M. le prof. Baist, sous la direction de qui la thèse a été faite.)

Au paragraphe 69 se rattache une note très concise, sur les noms propres en *a, anem*. Frédégaire a, comme Grégoire de Tours, la déclinaison gotique des noms propres masculins *a, an(em)*. Mais en même temps on trouve chez Frédégaire (ce qui est inconnu de Grégoire) le passage de cette flexion aus noms propres féminins en *a* d'origine franque. Ainsi *Bobila, Teudila* (*Berta* aussi) sont formés d'après *Eudila, Sintila*. Ces faits importants pour la connaissance de la déclinaison en -*ain* méritent mieus que la petite note où ils sont rélégués[1].

§ 91. La forme *colestis* (deus fois dans Frédégaire) amène

1. Voici une note complémentaire que M. G. Baist a l'obligeance de me communiquer à ce sujet : « La flexion *Attila* -*anem* s'est étendue à l'époque dans le nord de l'Italie. Elle embrassait tout ce domaine roman dans lequel le germanique -*a*>*o* et -*ó*>*ú* avait pénétré. Un reste de la flexion gotico-latine est encore *barbano* qui a été formé de *barba*—*barbanem;* à côté de cette forme on trouve encore au IXe et au Xe siècle des formes comme « *grimani germanac meae* ».

l'auteur à s'occuper des deusièmes personnes du pluriel en ancien français. La théorie est ingénieuse : on admet ordinairement fr. —*ez* = *atis*. Mais si la première conjugaison a reçu des autres *ons* < *umus*, comment la deusième personne aurait-elle réagi en sens inverse sur les verbes en *e*, *i*? Des formes comme *estis*, *potestis*, *volestis*, nous autorisent à admettre que les désinences -*estis* ont eu un rôle prépondérant. Il faut admettre que -*estis* et -*atis* sont devenus à un moment donné à peu près identiques et qu'ils ont entraîné les premières personnes du pluriel; -*atis* a donné à un moment donné *e* ouvert et long, *estis* donnait aussi *e* ouvert; la réduction des deus formes en une seule viendrait de cette identification de la qualité du son. Malheureusement dans cette question de phonétique chronologique (si on peut ainsi dire) il manque bien des jalons. La théorie n'en est pas moins séduisante, et il était intéressant de la signaler.

Enfin le mot *talatus* (lat. du moyen âge *talare*) est un mot de plus à ajouter à la nombreuse liste des mots romans d'origine germanique.

Il est bien regrettable qu'un *index* des mots ne termine pas cet intéressant travail; le fait qu'il a paru dans une Revue explique cette absence sans la justifier; et si cela ne diminue pas la valeur du livre, cela en rent le maniement bien moins commode. J'ajouterai d'ailleurs en terminant que le travail de M. Haag a sa valeur propre, malgré les erreurs et les omissions que j'ai signalées. M. H. s'est surtout appliqué à relever dans le latin de Frédégaire les faits qui intéressent la formation des langues romanes. Frédégaire (appelons-le toujours de ce nom), a beaucoup moins de culture littéraire que Grégoire de Tours; il est moins influencé que lui par des souvenirs d'école; par suite, il est peut-être plus intéressant à étudier, au moins pour un romaniste; il y a dans son latin barbare des formes qui appartiennent déjà aus langues romanes. Aussi M. Haag a-t-il bien fait d'insister sur ce qui intéresse la formation de ces langues. Au point de vue syntaxique en particulier, il y aurait eu long à dire, si on avait

voulu comparer la syntaxe des *Chroniqueurs* à celle de
Cicéron. En s'en tenant strictement à son point de vue,
M. Haag a eu le mérite de grouper méthodiquement les traits
les plus saillants et de mettre en relief quelques faits, qui
ont pour la chronologie du latin vulgaire une très grande
importance.   J. ANGLADE.

Wilhelm CLOETTA, *Die Enfance Vivien*, Berlin, 1898. Verlag
   von E. Ebering, pp. VIII, 96.

Ce remarquable travail de M. Cloetta, publié à l'occasion
de l'édition de Wahlund-Feilitzen, se divise en quatre
parties : 1° comparaison de la version en prose *p*, de la vulgate *a* et de la rédaction *b ;* 2° la famille de manuscrits *c ;*
3° l'arrivée secrète des cousins de Vivien ; 4° la place des
Enfances Vivien dans le cycle épique.

Ce plan est dans un rapport étroit avec l'unique objet que
s'est proposé M. Cloetta. Il néglige en effet les multiples
problèmes soulevés par les *Enfances Vivien* pour s'attacher
strictement à celui « de la recherche et de l'établissement du
texte » (p. 1).

La version en prose *p* est donnée par deus mss. de la Bibl.
Nat., f. fr. 796 (=P¹) et 1497 (=P²) . Le manuscrit de
Boulogne est pour les *Enfances Vivien* l'unique représentant
du groupe *b*. Le groupe *a* comprent : 1° le manuscrit de la Bibl.
Nat., f. fr. 1448 (=A), et 2° X. De cet X découlent deus sous-
groupes *c* et *d ; c* est représenté par quatre mss. Bibl. Nat.,
f. fr. 1449 (=C¹), 368 (=C²), 774 (=C³) et le Trivulzianus
(=C⁴) ; *d* est représenté par les mss. London Brit. Mus. Roy.
20 D XI (=D¹) et Paris Bibl. Nat., f. fr. 24369-24370
(=D²).

M. Cloetta établit par l'étude de la rédaction en prose que
son auteur a eu recours au groupe *d* en particulier pour le
Siège de Narbonne et le *Moniage Guillaume II*. Mais il
a dû avoir aussi en main la rédaction *b*, car il lui emprunte
des scènes que les autres sources ne donnent pas (p. 9), par
exemple celle de Garin quittant Narbonne pour s'en retourner

à Anseüne et tombant dans les mains du Sarrasin Marados.

Par contre, la vulgate développe, et souvent d'une manière bien confuse, les événements relatifs au siège de Luiserne : arrivée d'une armée française de secours partie du sud d'Orléans et rencontre soudaine d'un chevalier du nom de Rennier de Surie (A) ou Robert de Sezile (c et d), dont nous ne savons rien de plus, sinon qu'il est un envoyé de Vivien (p. 14). Par lui on apprent que les Pyrénées sont occupées par les Sarrasins. Les versions *p* et *b* ignorent ces détails. Pour l'auteur de la vulgate, la géographie des Pyrénées est celle de la Chanson de Roland, *port d'Aspre, port de Sitre* ou *de Sire, Roncevaus* (p. 15).

Enfin le roi Looÿs arrive dans la vallée de Luiserne et deus jeunes chevaliers sont envoyés à Vivien. La rédaction *b* les nomme Girart et Bertran, la vulgate Gui et Guichart. Dans l'original, d'après M. Cloetta, ils se nommaient Girart et Gui. Ici les divergences avec le manuscrit *B* deviennent considérables et M. Cloetta pose comme principe que l'original devait contenir ce qui se retrouve dans toutes les rédactions non mot pour mot, mais essentiellement (p. 17). Le voici réduit à ses grandes lignes : Vivien en se rapprochant de l'avant-garde de l'armée de Looÿs rencontre Guillaume ; l'oncle et le neveu s'embrassent. Le jour paraît. Vivien n'a le temps d'aller saluer ni son père, ni ses parents, ni le roi, car la bataille s'engage déjà contre les Sarrasins. Vivien combat aus côtés de Guillaume et se distingue **avec** lui et Bertrand ; Bernard est blessé ; les Sarrasins sont complètement défaits. Leur roi fuit vers la mer, suivi des siens. Le roi Looÿs entre à Luiserne avec son armée et y séjourne huit jours ; il en part le huitième jour. Alors Garin se dirige avec son fils Vivien vers Anseüne, où Uistace l'accueille avec joie. Les derniers vers du poème étaient vraisemblablement les vers 4620-22 de la vulgate :

> A Anseüne s'en va li dus Garin
> Si en mena Vivien son chier fil,
> Grant joie en ot la mère.

« Là, nous dit M. Cloetta, se terminait à mon sens le vieus poème » (p. 20). Le reste, Godefroi et Mabile, Guichardet, frère de Vivien, sont des adjonctions postérieures. Il semble bien que M. Cloetta ait raison. Nous ne le suivrons pas dans son intéressante étude de l'assonance ; nous noterons simplement sa judicieuse conclusion sur l'impossibilité partielle au moins de restituer suffisamment l'original.

Tout ce qui précède se réfère uniquement aus groupes *b* et *d*. Il reste donc la famille de mss. *c*. M. Cloetta rappèle les classifications antérieures. D'après Nordefeld, ces quatre manuscrits dérivent tous directement de *c*. Rolin, au contraire, dans son édition des *Aliscans* dérive C^1 de C^3 et C^1 de C^2. D'accord avec Becker, M. Cloetta rejète cette hypothèse, puis déduit personnellement de la comparaison d'une douzaine de passages la filiation suivante :

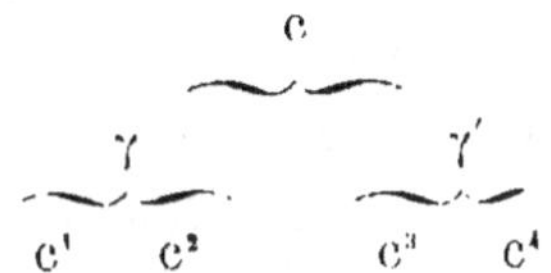

Voici les deus exemples les plus probants : les vers 602 C^1 C^2 donnent *en ; C^2 sor*, C^4 *sus* ; les vers 3886 C^1 C^2 *par Dieu qui li aiust* ; C^3 C^4 *por Dieu qui* (C^3 *qu'il*) *li aiust*. Bien que les autres passages soient plus douteus, l'opinion M. Cloetta semble très probable.

Cette question tranchée, notre auteur étudie l'arrivée secrète des cousins de Vivien. D'après B, les deus jeunes chevaliers français sont Gerart, fils de Bovon, et Bertran, fils de Bernard ; dans la vulgate un des deus est Gui, qui est le deusième fils de Bovon, son compagnon a nom Gerat ou Girat ou Guichard. Jeanroy se prononce pour Gui et Girart ; Becker tient la question pour difficile à décider. M. Cloetta, à la suite d'une délicate et fine analyse, trop longue pour être citée ici, arrive à cette conclusion que ces deus messagers sont les fils de Bovon, Girart et Gui (pp. 55-57). Il rapproche aussi, à juste titre, Guielin de Gui et n'y voit qu'un doublet ; il propose

encore avec raison de changer le Guichart de la vulgate
en Girart.

M. Cloetta arrive enfin à la quatrième partie de son ou-
vrage, de beaucoup la plus importante et où nous avons eu le
regret de n'être pas complètement persuadé par ses argu-
ments. Il s'agit d'étudier la place des *Enfances Vivien* dans
la tradition épique. MM. L. Gautier et G. Paris soutiennent
que ce poème contredit essentiellement les données primitives
et traditionnelles; Nordfelt, avec des réserves et un système
différent, n'est pas loin de souscrire à cette opinion. Les
thèses de Ph.-Aug. Becker et de Jeanroy aboutissent toujours
à cette même conclusion « que les *Enfances Vivien* sont
dans leur donnée en dehors de la tradition » (p. 60).

M. Cloetta[1] pense exactement le contraire, et pour le dé-
montrer étudie successivement: 1º la filiation de Vivien;
2º ses rapports de famille.

Le centre de sa première étude est l'identité déjà nettement
indiquée des deus fils de Bovon, Gui et Girart. Il passe
successivement en revue le *Charroi de Nîmes*, la *Prise
d'Orange*, les *Aliscans*, *Foucon de Candie*, etc., et il semble
bien, sur ce point de filiation, avoir raison contre M. Jeanroy. C'est à juste titre qu'il propose de corriger le vers de
l'édition Tarbé :

> *Guischart en moinent, Guielin et Guion.*

en :

> *Guischart en moinent et Girart et Guion.*

Alors Bovon n'a toujours que deus fils et non point trois.
Et il en conclut « que les *Enfances Vivien* sont pleinement
dans la tradition du XIIᵉ siècle, que Girart et Gui (ce dernier
est identique dans ce poème avec Guielin) sont bien les
deus fils de Bovon de Commarchis » (p. 72).

Il reste seulement à rechercher, ajoute-t-il, « comment

---

1. L'auteur élimine préalablement comme une adjonction posté-
rieure tout ce qui a trait à la bataille de *Roncevaus* (p. 60).

notre poème se lie à la tradition en ce qui concerne les liens de famille de Vivien » ?

M. Cloetta a été moins heureus dans cette seconde étude que dans la première. Tous les textes utiles n'ont pas été publiés ou ne l'ont pas été d'une manière critique. L'auteur discute donc sur un terrain peu solide. On ne peut que louer son travail, tout en réservant son opinion personnelle. Il nous semble, sauf erreur, que le problème reste à peu près tout entier, et nous ne savons ni quand ni comment Garin d'Anseüne a été rattaché à la famille d'Aimeri.

Par contre, M. Cloetta a raison de fixer la place des *Enfances Vivien* entre les *Aliscans* et le *Moniage Guillaume II*. La date de la première rédaction, c'est aussi l'avis de M. Gaston Paris, doit être voisine des années 1165-1170. Quant à nos rédactions, elles sont postérieures. La plus ancienne, mss. Bibl. Nat., f. fr. 1448, est du milieu ou de la seconde moitié du XIIIe siècle.

En somme, M. Cloetta a fait un excellent travail et qui marque une étape importante dans l'étude du texte des *Enfances Vivien*. Nous ne pouvons que l'encourager dans ce labeur opiniâtre et intelligent, qui nous fait espérer une solution prochaine et peut-être complète des curieus problèmes posés par ce poème si intéressant.

Joseph Bucné.

CHALON-S-SAÔNE, IMPR. FRANÇAISE ET ORIENTALE E. BERTRAND